autumnreader*jh*

*Jessica Herbstritt*

*Wortgewandt*
*2022*

*Alltagslyrik*

*Band 6*

Jessica Herbstritt

# Wortgewandt

2022

*Alltagslyrik*

*Band 6*

autumnreader*jh*

Bibliografische Information der Deutschen Nationalbibliothek:
Die Deutsche Nationalbibliothek verzeichnet diese Publikation
in der Deutschen Nationalbibliografie; detaillierte bibliografische
Daten sind im Internet über dnb.dnb.de abrufbar.

Wortgewandt 2022
1. Auflage 2022
© Jessica Herbstritt , autumnreaderjh
Lektorat: Rolf Piepenbrock
Illustrationen: Annelore Piepenbrock-Pradel, Rudi Brusch,
Heidi Klewe, Sabine Cornils, u.v.a.

Herstellung und Verlag: BoD – Books on Demand, Norderstedt

ISBN 978-3756844869

*Für*
*Annelore*
*F.H.M.L.*
*L.D.*
ρ π
*und alle*
*fleißigen Gestalter*

19.10.2021:
In Erinnerung an die Sprüche zum Anfang unserer
Poesiealben...

# Einladung

Wort und Bild
betrachtet mild,
lasst sie führen
und Euch rühren
an, zum Schmunzeln und zum Träumen,
zum Denken und zum Säumen
am Kleid der Zeit,
Zufriedenheit
wird dann Euch Leser küren.

24.10.2021:

Chamäle**off** – Chamäle**on**; Wie es wirklich in uns aussieht bemerken wir manchmal erst, wenn wir durch jemanden an-gestrahlt werden.

## Chamäleon

*In mir liegt etwas von*
*Chamäleon*
*Herum.*

*Leider ist es meist stumm*
*Imaginär*
*Es wär.*

*Bildest du doch meinen,*
*Eben seinen,*
*Darin*

*In*
*Chromatisch bunt,*
*Hinter-Grund.*

09.11.2021:
In dem Erstaunen, dass, egal was auch geschieht und wie chaotisch es auch zugehen mag, es jemanden gibt, der stets die Ruhe bewahrt.

## Meine Tee-Insel

*Stille breitet sich jetzt aus,*
*das Wasser dampft noch leise,*
*den Beutel nehm' ich gleich mal raus*
*und mach mich auf die Reise,*

*Zu dieser Insel, die mich wärmt,*
*Entspannung bringt und Ruhe,*
*in gleicher Treu' sie für mich schwärmt,*
*egal was ich auch tue.*

*Denn meinem Tee ist alles gleich,*
*ob hier, ob in der Ferne,*
*am Küchentisch, am Gartenteich,*
*beim Schauen auf die Sterne;*
*zwischen großen Weltenlenkern,*
*mit Torte oder Butterbrot,*
*bei den Gute-Laune-Schenkern,*
*noch müde und beim Morgenrot,*

neben dem, der spannungsvoll,
sitzt am Handytelefon,
will wissen, was es werden soll,
'ne Tochter oder doch 'n Sohn?
Griffbereit am Krankenbett,
mit Salzstangen und Wickel,
auf Rüschendeckchen ganz adrett,
beim ersten Schrei vom Gickel,
inmitten einer Trauerfeier,
vor Gericht bei Zorn und Streit,
Verhandlungen beim Pleitegeier,
beim Warten auf 'ne bess're Zeit.

Egal ob Trübsal, Sorge, Streit,
in Wüste, Sturm und Regen,
grad in uns wirkt, wir sind bereit,
die Seele auszufegen.

So, wenn der Alltag zeigt sich grau,
komm mit und staune - schau!
Wie stoisch steht und zieht der Tee,
gleich wie ein Fels in rauer See.
Die Insel auf dem weiten Meer,
sie löst dich ab von dem, was schwer,
um einmal achtsam zu genießen,
die Welt dabei mal auszuschließen.
Nun such' sie auf von Zeit zu Zeit -

die Teei-Insel, sie ist nicht weit.

13

26.12.2021:
Manches lässt sich von zwei Seiten betrachten. Bitte erst bis zum Ende lesen, dann Zeile für Zeile bis zum Anfang zurück lesen*.

*Verzweifeln*

*niemals*
*an das Gute glauben, an Trost und Freude*
*mit grauen trüben Tränenfalten*
*nicht*
*in Zuversicht und Freude*

*Was für ein Leben !*

*Erschreckt die feinen Züge*
*zeigt sich da*
*Leid und Schmerz und Kummer*
*kein*
*Vertrauen*
*spiegelt sich*
*in deinem Gesicht*

*Schau hin!*
*Du!*

*Lass sie verdorren*
*so niemals*
*wärmt deine zarte Seele*
*ein Lächeln und*
*erfüllt*

*Geborgenheit*

*Diese „Kipp"-Gedichte sind eine Erfindung
von Dr. T. M. Mayr und haben mich auf seiner
Lesung 2021 sehr inspiriert.

29.12.2021:
Auch dies ist ein „Kipp"-Gedicht.
Wie sich Bedürfnisse verändern, wenn sich der Standpunkt
verschiebt, erleben wir gerade jetzt besonders stark.

*Normal*

*Alles ist
stark und fest
hat Struktur und einen Platz und Ordnung
alles gleich
ist
vertraut
mit Sicherheit
Normalität*

*Wir sehnen uns nach*

*Veränderung
mit neuen Perspektiven, aufgebrochenen Strukturen,
Freiheit im luftleeren Raum
keine
Ankerpunkte
mehr
Wagemut und Eigensinn
vertreiben
Routine Regeln und Rituale
setzt alles*

*Anders*

06.01.22:
Oft sehnt man sich nach dem, was gerade nicht ist und
dann, wenn Veränderungen eintreten, fühlt man sich doch
dem „Alten" wieder verbunden.

## Normalität

Ein Mensch, der sicher und geborgen
den Rhythmus seines Lebens spürt,
das Gestern, Heute und auch Morgen
entlang 'nem roten Faden führt,
der lebt dann in gewisser Form,
im Strom der Norm.

Wenn Planbarkeit und Zufall steht,
in Waagschalen sich gleicht,
wenn Schicksalsschlag und Freude geht,
Gewöhnung ein sich schleicht.
So ganz schnell man in sie gerät -
Normalität.

Wenn dies geschieht im Takt der Stunden,
Tage, Monde gar und Wochen,
mit Langeweile oft verbunden,
dann Unmut kommt dahergekrochen.

Wo bleiben Spannung, Abenteuer,
Begeisterung und Funkenfeuer,
Nervenkitzel, Kribbelbauch?
Klar braucht's Überraschung auch,
unerwartete Effekte,
verborg'ne erst, dann aufgedeckte!

Veränderung! Nun Anker los,
auf, auf ins Ungewisse -
Sicherheit? - ein Nebel bloß -
Fundamente kriegen Risse.
Kein Vertrauen in die Planken,
in Strukturen, wohlbekannt.
Fort ist Halt, die Masten schwanken,
nur trübe Kälte und kein Land.

Angst bricht auf, die Stützen ein,
Gesundheit hängt -
gehalten? - nein!
an dünnen Fäden drängt
sich alles, Wünsche schweben
und sehnen sich nach Häfen
            mit „normalem" Leben.

28.02.2022
Auch nach zwei Jahren begleiten uns die Masken weiterhin
und das nicht nur zur Karnevalszeit.


## Doppelte Maskenpflicht

Februar, ein Tusch erklingt.
„Helau, alaaf!" der Narre singt,
doch diesmal digital vom Fern-sehn,
auf Abstand darf man auch mal gern geh'n -

mit Masken doppelter Natur, -
die eine der Verkleidung wegen,
die andere zum Schutz vorm Regen
der Virenlast und deren Spur.

Doch wenn ich schaue das Verhüllen,
seh' Maskenpflicht sich hier erfüllen -
gleich zweifach gilt das Augenlesen,
heut' mehr noch, als es sonst gewesen,

als wichtig, Gefühle zu erkennen,
in einem Blick und auch im Stillen
mit Gespür und gutem Willen,
um zu ergründen und benennen

was bekannt- und fremde Leute,
damals, gestern und auch heute,
wollen oder eben nicht.
Wir tragen Masken vorm Gesicht

zu unserm Schutz, dass keiner sieht,
und bleibt für immer vogelfrei
und keine Reue braucht's dabei,
wem welch' Grimasse man grad zieht.

Oder gilt der Schutz den Andern,
dass keine bösen Worte wandern,
die kränken nach der Narrenzeit
und führten dann zu derbem Streit?

Welche Freiheit, welchen Zwang
an ihr wir tragen nun schon lang!
So der Gedanke mich durchschauert:
ob unser Karneval nicht schon 2 Jahre dauert...

22.03.2022:
Für im März geborene Geburtstagskinder, nach der Melodie von „Immer wieder kommt ein neuer Frühling" von Rolf Zuckowski

## Immer wieder...

Immer wieder kommt ein neuer Frühling.
Immer wieder kommt ein neuer März.
Immer wieder bringt er dir 'ne Torte,
stellt darauf für dich 'ne neue Kerz'.

Still und weise
hat ganz leise
Purzelbaum die Zeit gemacht,

und im Regen
Sturm und Segen
Freud' und Kenntnis dir gebracht.

Immer wieder kommt ...

Sollst hoch leben
selig schweben
auf dem Strom der Zuversicht.

Lass dir schenken
dich bedenken
stets ein lächelndes Gesicht.

Immer wieder kommt...

*Glück, Gesundheit,*
*Frohsinn, Freiheit*
*führe dich durchs neue Jahr.*

*Freundlichkeiten,*
*schöne Zeiten*
*bleiben bei dir immerdar.*

*Immer wieder kommt...*

06.04.2022:
Alles zeigt sich zur Zeit blau und gelb. (Kippgedicht, bitte erst Zeile für Zeile von oben nach unten lesen, dann von unten nach oben.)

# Frieden

Der Friede

seine Schwingen sendet
Hass in Liebe
sich dann wendet
nach Versöhnung Freundschaft strebt
in Achtung für das was da lebt
verwelkt nicht blüht
Gemeinschaft glüht
der Funken Hoffnung im Gesicht
da ist Leben Zuversicht
Lieder leisen Aufwind bringen
zartes Wort trägt ihre Schwingen
Sie hält
nicht fällt
und doch
ein Loch
erschüttert tief im Staube
die Friedenstaube

*sie setzt sich in die Gaube*
*umtost von totem Laube*
*gehetzt verstört*
*unerhört*
*schaut*
*ergraut*
*zu Ruinen birst das Haus*
*verschwindet unter Rau und Graus*
*nur rot die Tropfen wimmern*
*aus dem tiefsten Innern*
*wenn Stille Angst erstarrt*
*kalt und hart*
*Ungeheuer*
*es regnet*
*Feuer*
*tosende Geschütze*
*rote zähe Pfütze*
*Tränen rinnen*
*keine Zuflucht und kein Sieg,*
*keine Hoffnung liegt darinnen*

*im Krieg*

18.04.2022
Manchmal schenkt uns die Natur einen unbeschwerten,
leichten Moment zum Genießen.

## kätzchen

es sitzt ein kätzchen silbergrau
und weiß und wunderweich
sitzt oben vor dem hellen blau
des himmels - wolken gleich

dahingetupft, so schwingt es sacht
mit ihresgleichen friedlich
der wind mit ihren fellchen macht
sie bauschen sich sanft-lieblich

sie schimmern licht und lind
stäuben in frühlingslüfte
hauchzitternd wie sie sind
feinzarte weidendüfte.

so weidenkätzchen sind.

27.04.2022:
Leicht begibt man sich in digitale Abhängigkeiten, die dann manchmal schwer wieder zu durchbrechen sind.

## Lob

Der Mensch lebt nicht vom Brot allein -
nein, auch gelobet will er sein.
Je mehr an Zuspruch er erfährt,
je mehr erlebt er seinen Wert.
Fühlt sich gesehen, wahrgenommen,
wertgeschätzt und angekommen,
und selbstbewusst er fröhlich schaut
in eine Welt, der er vertraut.
Mit Menschen, die im Widerhall
resonieren seinen Schall,
spürt er seine Relevanz
Im Worte-Gesten-Lebenstanz.

Doch dann die Leichtigkeit verfliegt,
wenn er den Hals nicht voll mehr kriegt.
Sich rasch verbindet und vernetzt
und eilig sich vorn Bildschirm setzt,
um Likes und Lob sich abzugreifen,
derweil die Zeiger dreh'n in Schleifen.

Der Mensch nun eingefangen ist
und zittert vor der "Rankinglist",
vor Gnade, Urteil oder Segen,
die kommen aus dem Netz entgegen.
Er wälzt sich nächtens hin und her,
wann kriegt die nächste Message er
und den nächsten Kommentar,
der schreibt, wie gut er gestern war?
Bestätigungsabhängigkeit
treibt ihn nun um in dieser Zeit.
Die Umwelt nimmt er nicht mehr wahr,
nur Links und Likes sieht er noch klar.
Er setzt sich seelisch unter Druck!
Dabei braucht's nur 'nen kleinen Ruck,
den Kopf und auch den Blick zu heben -
dort vor dem Fenster läuft das Leben!
Was nutzt ihm digitales Loben
wenn draußen Lebenswogen toben?

16.05.2022:
Das Bedürfnis in der Gesellschaft bedeutungsvoll und wahrgenommen zu sein, scheint mir eine grundlegende Eigenschaft des Menschen zu sein.

## Individualitätszwang

Ein Mensch, der strahlt in Unterschieden,
Diversität ist ihm beschieden.
Keiner so dem andern gleicht -
Genotyp ein Phänomen,
Phänotyp ein starkes Gen.
Veränderung dann ein sich schleicht
so ist die Vielfalt schon erreicht.

So sieht man schnell die Varianten
zwischen Fremden und Verwandten.
Niemand gleicht sich bis auf's Haar -
Kanten gibt's bei jedermann
Jeder macht wie er es kann.
Darum gibt es, das ist klar,
Meinungsfülle in der Schar.

Ideen, Pläne und Gedanken,
die sich um and're Ziele ranken.
Erfahrung wird so viel gemacht -
Meinung ist nie allgemein
„Alle Wahrheiten sind mein!"
Wo einer weint, die and're lacht.
Sie mag den Tag und er die Nacht.

So entsteht ein buntes Treiben,
ein Regenbogenfarbenreigen.
Jeder spiegelt sich darin -
Ich-Bewusstsein findet sich
sichtbar im Gemeinschafts-Ich,
So Handeln, Fühlen, Tun macht Sinn,
Austausch, Berührung ist Gewinn.

Doch mancherorts scheint es die Pflicht,
zu überhöhen diese Sicht.
Wir zwängen uns in Uniform -
Gleichgeschaltet farbig bleich
bleiben wir dem andern gleich,
um rauszustechen aus der Norm:
noch einzigartiger - enorm!

Noch „diverser" heißt der Trend,
dem jeder hinterher jetzt rennt.
Nach Anerkennung wir da streben,
Diversität, Analogie?
Anders sein! genau wie die -
danach nun plötzlich alle leben
und --- in der LikeMeBubble schweben.

19.06.2022
Zur, um zwei Jahre verschobenen, Hochzeit. Aber was lange
währt, wird meistens gut... Nach dem Gedicht von Vico von
Bühlows „Advent"

## Geschenkt

Es blaut der Tag, die Äuglein blinken,
zwei Jahre leis' herniedersinken.
Zu Lebensreisen hohem Gipfel
zog sich lang Coronas Zipfel;
doch dann voll Zuversicht durchbricht
die trübe Zeit ein Hoffnungslicht.
Vorfreudig knien mit Herzen-Flimmer
vier Menschen da, sie ruhen nimmer.
Durch diese und die letzte Nacht
haben sie es nun vollbracht.
Wir zwei mit uns'rer Eier-Pflege -
Ihr zwei auf Eurem Ehewege.
So stimmen alle froh mit ein:
Dieser Tag, der muss es sein!

Und als die Kärtlein waren zu,
verschickt, und nach zwei Jahren Ruh'
hervorgeholt mit Sicht nach vorn -
Geschenkidee, sie war gebor'n.

Bald, in der kreativen Phase -
zwei-, drei-, viermal schier in Ekstase,
in Heiterkeit bei frohem Munkeln,
am Tag und manchmal auch im Dunkeln,
im Garten draußen und auch drinnen,
da lief der Kleister fein von hinnen.
Nun galt es, mehrfach zu verweilen,
um dann zu schneiden, zu zerteilen
das Pappmaché fein aufgestochen,
nach Loriot den Text besprochen.

Voll Sorgfalt Wünschekarten, lieb,
man druckte, auf das Ei dann schrieb.
Behaltet bitte sie zurück
als ausgefülltes Lebensglück.
Ihr alle schreibt, das bitten wir
die Wünsche schnell auf dies Papier.

So sollen sie wie Freundes-Schellen,
die dunklen Zeiten Euch erhellen.
Wer wünscht sich nicht in tiefster Nacht,
dass Glück und Segen, Freundschaft wacht?
Sind diese Kärtchen, so wir bitten,
in dieses Ei hineingeglitten,
fügt zu die Spende und auch Sachen,
die diesem Paar soll'n Freude machen.
Im Ei ist hier ein Schlitz bereit,
der Euch von all dem gern befreit.
Ihr Eheleute, Ihr dürft dann,
wann Ihr es mögt, natürlich dran.
Nachlesen und genießen leise
diesen Tag auf eurer Reise.

Nun woll'n wir feiern - unbeschränkt!
Hier Euer Ei - für Euch geschenkt!

18.07.2022:
Kleines renoviertes Gedicht von unserer eigenen Hochzeit,
jetzt für Freunde.

# Glück

Kann denn das Glück
    noch mehr uns schenken,
als diesen Schritt
    von mir zu dir zu lenken?


Das Glück kann es.
    Es kann zum Segen
noch deinen Schritt
    auf meinen zu bewegen.


Um dann mit Glück
    dorthin zu sehen
wohin wir Schritt
    für Schritt gemeinsam gehen.

16.07.2022:
Manchmal bildet der Garten im Kleinen etwas ab, was sich unter uns Zweibeinern auf der ganzen Welt zuträgt...

## Pflanzen

Wieder windet wild die Winde
sich um Löwenmäulchens Hals,
würgt ganz langsam, leis und linde
und aus keinem Mäulchen schallt's,
das Wehgeschrei,
- Verdurstet- und Erstickter,
Gebeugter und Geknickter -
der Aster und der Akelei.

Grusel garstig gräbt der Girsch
sich durch Tulpenzwiebels Herz,
gängelt sie bei seiner Pirsch.
Keine Wunde und kein Schmerz,
Vergehensweh
- Erstochen- und Verletzter
Zwiebel-Wurzelzerfetzter -
von Narziss' und Glöckchen Schnee.

Rankend räkelt rau die Rübe
sich an Sommerflieders Stamm,
reibt den Saft mal weiß, mal trübe,
doch kein Zittern zeigt, wie klamm
Vergiftung sticht
- zersetzt das Eingeflößte,
Lebensaufgelöste -
den Schneeball und Vergissmeinnicht.

Doch dann dreht sich der Dompteur
in dem Pflanzenscharen-Reich -
drängt ganz sacht, bekommt Gehör -
die wilden Stärken werden weich.
Den Lebensraum
sich teilen alle Wesen
gemeinsam und genesen.
So bleibt Eden nicht ein Traum.

30.07.2022:
Das Meer und die See sind schon beeindruckende Orte, je nach Stimmung ziehen sie einen weit fort, in Gedanken oder auch in Taten.

## Ostsee

Seetangschwanger weht der Wind
und durch Wellenrauschen sind
fortgetragen die Gedanken -
Räume offen, alles leer,
weitet sich, befreit von Schranken
und Tiefe füllt, was licht und mehr.

Feuchtefrische streift die Haut
und durch Kimmeskante blaut,
durchdrungen von der Kühle,
der Himmel. Auf dem Wasser scheint
es fast, als seien sie vereint,
fernab vom Weltgewühle.

Friedens-Ahnung rührt den Hauch
und durch Sehnen schimmern auch,
emporgehoben von dem Glänzen
der Wasser, Versöhnungswellenkämme,
zu brechen alle dunklen Dämme,
als wollt' die Sonne sie umkränzen.

28.09.2022
Nach einer wahren Begebenheit an der Weinheimer
Landstraße in Alzey.


## Peter


Täglich schon seit drei, vier Jahren
hab ich Wege abgefahren,
die mich führ'n die selben Strecken
immer um die selben Ecken,
auch an einer Bank vorbei,
nichts Besond'res daran sei.

Lange gähnte dort die Leere.
Niemand ließ sich dortens nieder,
abzuladen seine Schwere,
um zu strecken seine Glieder.

Doch dann
saß er da,
ein Mann.
Sonderbar.

Überm Bauch die Arm' verschränkt,
gemütlich lehnend, schaut ins Rund,
welch Auto sich ans nächste drängt,
ob rot, ob blau, ob lila-bunt.

Fast jedes Wetter nahm er mit,
wenn täglich ich vorüberglitt.
Gewöhnte mich an dieses Bild
von „Mann auf Bank", ob kalt, ob mild.
So wurde er mir so vertraut,
dass bald hab länger ich geschaut.

Dann hob ich grüßend meine Hand
er winkte ebenso zurück.
So wenn mein Blick den seinen fand,
ein Lächeln blieb ein langes Stück.

So dann
war ich froh.
Der Mann
ebenso.

Auch Gedanken lngsam kreisten
um die rundliche Gestalt.
Fragen auch, wie er wohl heißt denn.
Wie viel Jahrzehnte er ist alt?

Peter würde zu ihm passen
hat mich mein' Tochter wissen lassen,
ist Opa-alt ganz sicher klar
mit dieser Brill' und lichtem Haar.
Auch Rentner mit so viel an Zeit
und wohnen könnte er nicht weit.

Wie gerne hätte ich gefragt
den Herrn an seinem Lieblingsort
doch parken hab ich nie gewagt
wo Autos rasen fort und fort.

Nachsann
wie genannt
der Mann,
unbekannt.

Mit seinem liebenswerten Wesen
am stoisch treuen Liegeplatz
wär gern ich im Gespräch gewesen,
zu halten dort so manchen Schwatz.

Dann seltener sah ich ihn da,
mir wurde langsam dann gewahr,
dass ich ihn lange nicht gegrüßt,
hab gar mein Lächeln eingebüßt.
Ich fing mich wundernd an zu fragen,
was macht er nun mit seinen Tagen?

Lächelnd dachte ich: „Vielleicht
grüßt er nun auf 'ner andern Bank
und winkt und schmunzelt seicht.
Ich wünsch es ihm und sag ihm Dank."

Bleibt dran!
Winkt dir zu,
der Mann,
grüß auch du!

*Danke*

*Das ist nur ein kleines Wort, bedeutet aber doch so viel
und hat so viele unterschiedliche Ursachen und Gründe,
warum es ausgesprochen wird, im Großen und im Kleinen,
für Worte und für Taten.*
*Hier sei dafür Platz und Raum:*
*Besonders danken möchte ich allen, die meine Familie und
mich über den Verlust meiner lieben Mutter Annelore
hinweggetragen haben und auch die anderen unruhigen
Zeiten mit uns überstanden haben. Der Zusammenhalt
und die Gemeinschaft waren da besonders wichtig und
wertvoll.*
*Einen großen Dank sage ich dir ρ π für dein unermüd-
liches und wertvolles Lektorat, selbst aus dem Kranken-
haus heraus und über alle Widrigkeiten hinweg.*
*Danke für deinen großen und engagierten Einsatz.*
*Vielen Dank sage ich auch all denen, die mich mit Bildern
und Fotos in diesem Band versorgt haben.*
*Schön, dass du, Rudi, mir deine bezaubernden Fotos, vor
allem von Glasskulpturen, zur Verfügung gestellt hast und
ich diese nun schon im dritten Jahr nutzen durfte, das ist
großartig.*

Liebe Sabine, auch an dich ein herzliches Dankeschön dafür, dass du mir zum zweiten Mal, so beeindruckende Malereinen gezaubert hast, sie sind mir eine große Freude. Und auch dir ,Heidi, möchte ich ganz hezlich danken, dass wir uns für diesen Band zum ersten Mal zusammengefunden haben und du mir trotz deines sehr turbolenten Lebens, Zeit und vor allem wunderschöne und liebevolle „Mikro-Blumen"-Fotografien überlassen hast. Es tut gut, dich mit dabei zu haben.

Und natürlich geht auch ein großer Dank an Euch, Lisa und Dortje, die ihr nicht nur durch eure Zeichnungen diesen Band, sondern auch in allem anderen mein Leben bunt und außergewönlich macht.

Auch dir ,Frank, sage ich Danke fürs Da -Sein und die Geduld, für die Unterstützung und die aufmunternden Worte.

Und zum Schluss aber nicht weniger wichtig möchte ich euch allen, euch Lesern danken, fürs Lesen, denn nur so macht mein Schreiben überhaupt erst einen Sinn.


Vielen herzlichen Dank.

# Inhaltsverzeichnis

# Bildverzeichnis

*Mehr Gereimtes gibt's hier:*

# Wortgewandt *2017-2019*
## Alltagslyrik

*weitere Gedichte*

### Jessica Herbstritt

Schweinehund, Gedankenkarussell
und Schokoladenverführung vs.
Frühjahrsputz, Schlaf-an-Zug und
Begierdenstiller.

Wer kennt sie nicht, die
Stolpersteine des Alltags und ihre
Gegenspieler?

Ihre faszinierenden Duelle sind hier
anschaulich in Wort und Bild
gewandet.

ISBN: 978-3710347269

# Der Bergzwerg

### Jessica Herbstritt

Der Bergzwerg hat ein Problem.
Der Berg versperrt ihm die Sicht
auf das Meer. Er versucht alles, um
das Meer doch noch zu Gesicht zu
bekommen. Wird er es schaffen?
In Reimen und Bildern kann
man hier seine Bemühungen
nachverfolgen.

Kontakt: jpiepen@gmx.de

61

# Wortgewandt *2021*

## Alltagslyrik
### Band 5

### Jessica Herbstritt

Unerfreuliche und erfreuliche Begegnungen, Alltagsleid und Feiertagsfreude, schlaflose Nächte und traumhafte Naturerlebnisse.

Alle Jahre wieder begegnen sie uns die Stolpersteine des Alltags und ihre Gegenspieler.

Diese Gegenpole sind hier anschaulich in Wort und Bild gewandet.

ISBN: 978-3756817337

# Wortgewandt *2020-2022*

## Alltagslyrik
### Sammelband 2

### Jessica Herbstritt

Veränderungen, Abstand halten, Fieden und Normalität, Zuversicht und Glück im Kleinen.

In den letzten drei Jahren hat sich gezeigt, wie wichtig es ist, die Stolpersteine auf dem Weg zu nutzen, um neue Perspektiven einzunehmen und allem auch eine positive Seite abzugewinnen.

In diesem Sammelband sind viele dieser Perspektiven in Wort und Bild gewandet.

ISBN: 978-3756221370